Erste Zeichenschule

100

MOTIVE

Zeichnen in 4 Schritten

Impressum

© Trötsch Verlag GmbH & Co. KG
Geschwister-Scholl-Straße 11
15537 Gosen-Neu Zittau
www.troetsch.de

Illustrationen: Anja Angelmahr

Inhaltsverzeichnis:

So geht's:

Zeichne deine ersten Skizzen und Übungsbilder in einen Zeichenblock. Wenn du das Motiv richtig gut beherrschst, kannst du es in dein Buch übertragen!

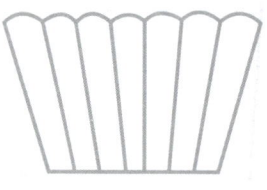

Der erste Schritt ist immer die Vorzeichnung: Nimm einen frisch gespitzten, weichen Bleistift und zeichne die Formen und Hilfslinien dünn vor.

In Schritt 2 kommen die restlichen Konturen dazu. Dein Motiv ist nun schon fast komplett! Nimm anschließend einen Fineliner und zeichne die schwarzen Konturen dunkel nach. Achtung: Die grauen Linien werden wegradiert!

In Schritt 3 ergänzt du noch die Details. Radiere danach alle übrig gebliebenen Hilfslinien weg, dann sieht dein Bild schön sauber aus.

Nun kommt der schönste Teil: Malle alles bunt aus! Viel Erfolg und viel Spaß!

Das brauchst du:

Bleistifte

Bleistifte sind perfekt zum Vorzeichnen geeignet, denn du kannst die Strichstärke variieren und im Notfall einfach alles wieder wegradieren.

Spitzer und Radiergummi

Mit frisch gespitzter Mine lässt es sich viel genauer vorzeichnen. Drücke nicht zu fest auf, dann klappt auch das Wegradieren besser. Probier es mal aus!

Fineliner zur Reinzeichnung

Die Reinzeichnung ist das Spezialgebiet des Fineliners. Mit ihm kannst du deine Vorzeichnung dunkel und gleichmäßig nachzeichnen.

Buntstifte und Fasermaler

Jetzt wird's bunt! Erst mit Buntstiften oder Fasermalern erweckst du dein Motiv zum Leben. Die richtige Technik macht den Unterschied:

Ein bisschen Geduld

Übung macht den Meister! Wenn dir ein Motiv nicht gleich auf Anhieb gelingt, versuch es einfach wieder, bis du zufrieden bist.

Für eine dunkle Linie drücke den Bleistift einfach fester aufs Papier.

Den Fineliner solltest du nicht aufdrücken, damit keine hässlichen Flecken entstehen.

Für satte Farbflächen schraffiere dicht aneinander anstatt kreuz und quer.

Male mit dem Fasermaler nicht mehrfach über dieselbe Stelle, sonst entstehen unschöne Farbverläufe.

Farbkreis

Für jedes Motiv gibt es eine passende Farbe. Wenn du trotzdem mal nicht weißt, welche Farben du verwenden möchtest, dann schau dir den Farbkreis an. In ihm gehen alle Farben ineinander über und du kannst sofort die Komplementärfarben erkennen, die sich gegenüber liegen. Verwendest du zwei Komplementärfarben in deiner Zeichnung nebeneinander, steigern sie sich beide durch ihre Gegensätzlichkeit zu höchster Leuchtkraft und Farbigkeit. Beide Farben kommen so voll zur Wirkung!

Zu Hause

Regenschirm, Schulrucksack, Wecker, Hut,
Badespielzeug, Farbkasten, Geschirr, Schulbuch

Zu Hause

Zeichne grob einen Rahmen vor.

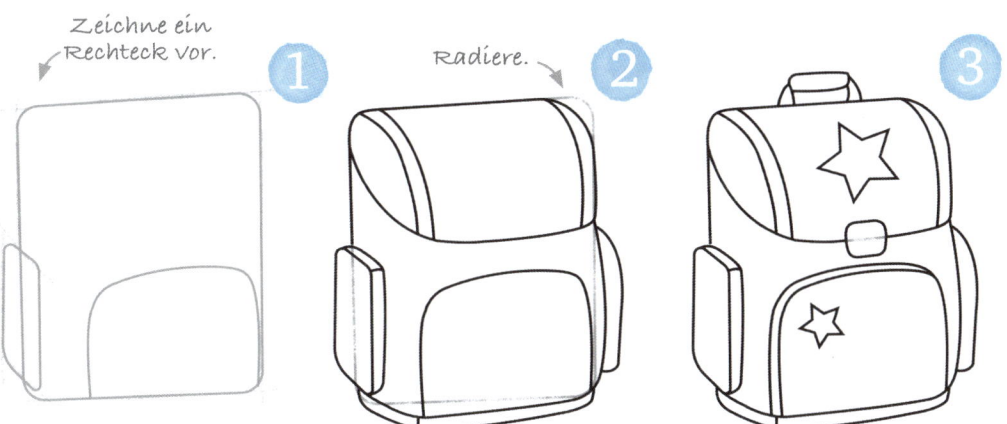

Zeichne ein Rechteck vor. **1**

Radiere. **2**

3

Zu Hause

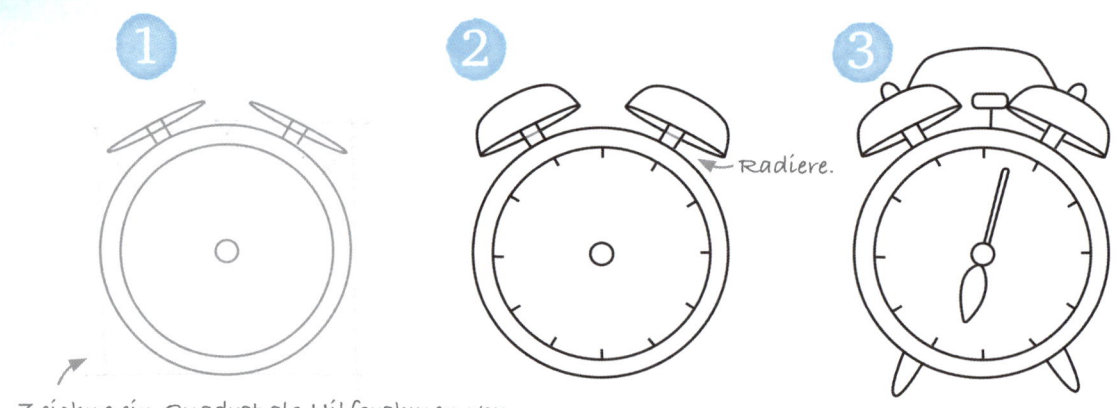

1 **2** Radiere. **3**

Zeichne ein Quadrat als Hilfsrahmen vor.

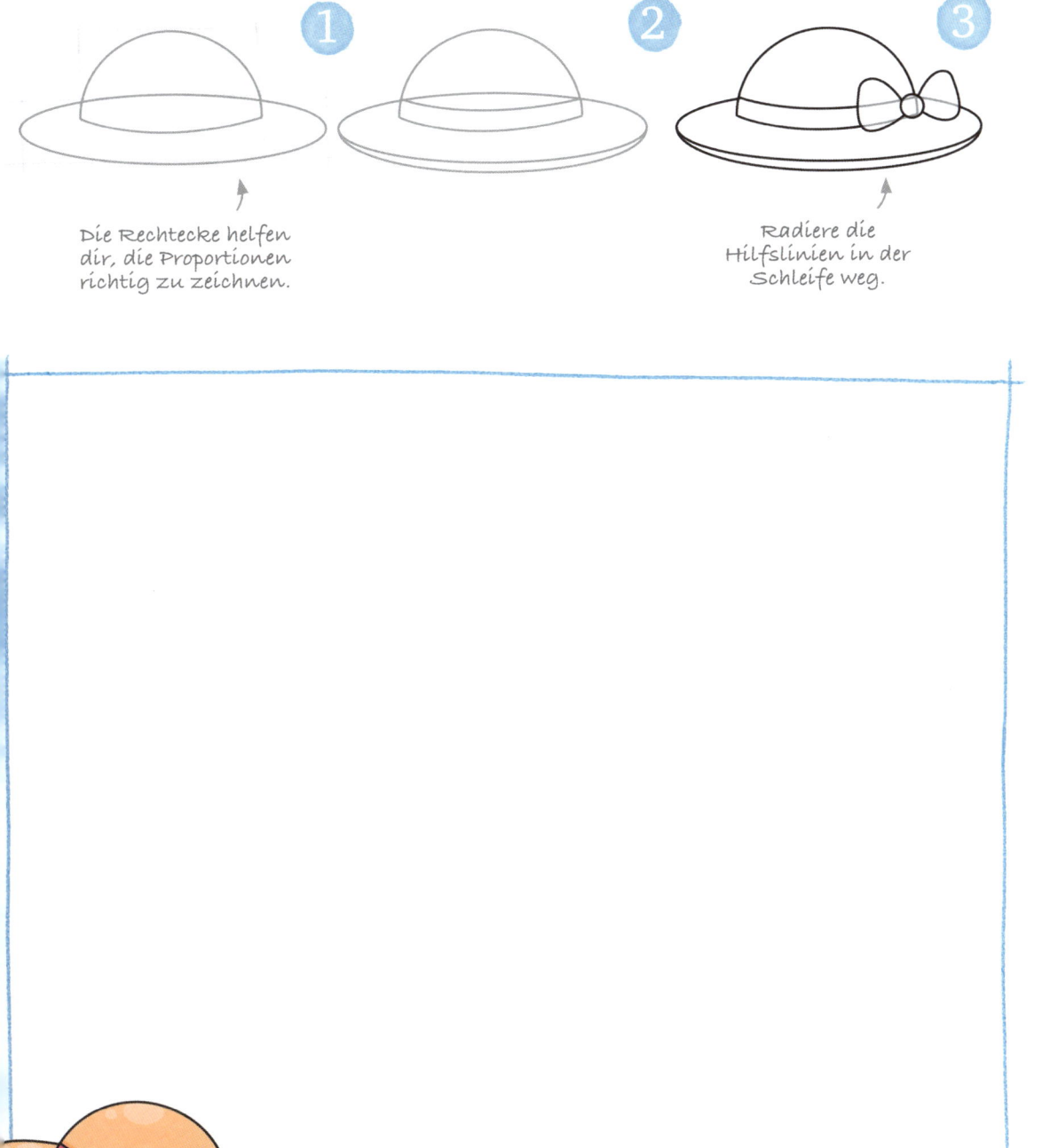

①

Die Rechtecke helfen
dir, die Proportionen
richtig zu zeichnen.

②

③

Radiere die
Hilfslinien in der
Schleife weg.

Zu Hause

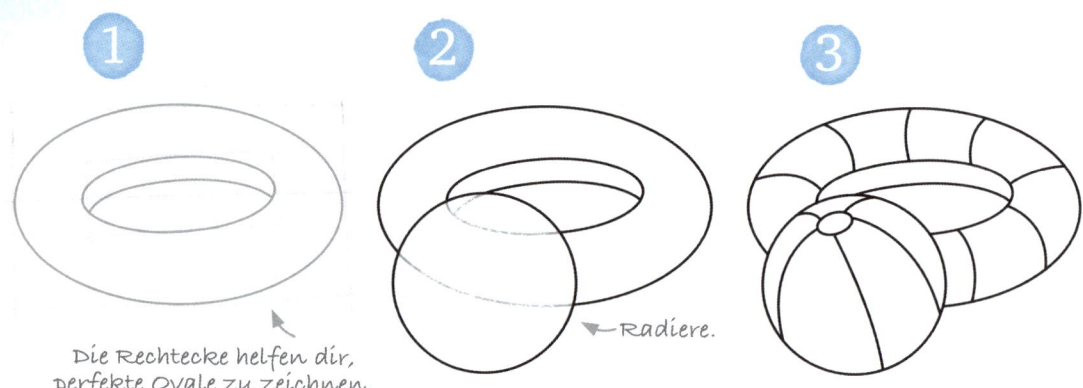

Die Rechtecke helfen dir,
perfekte Ovale zu zeichnen.

Radiere.

① ② ③

Beachte die perspektivische Verschiebung der Linien.

Zeichne die
Grundformen als
Hilfslinien vor.

Radiere.

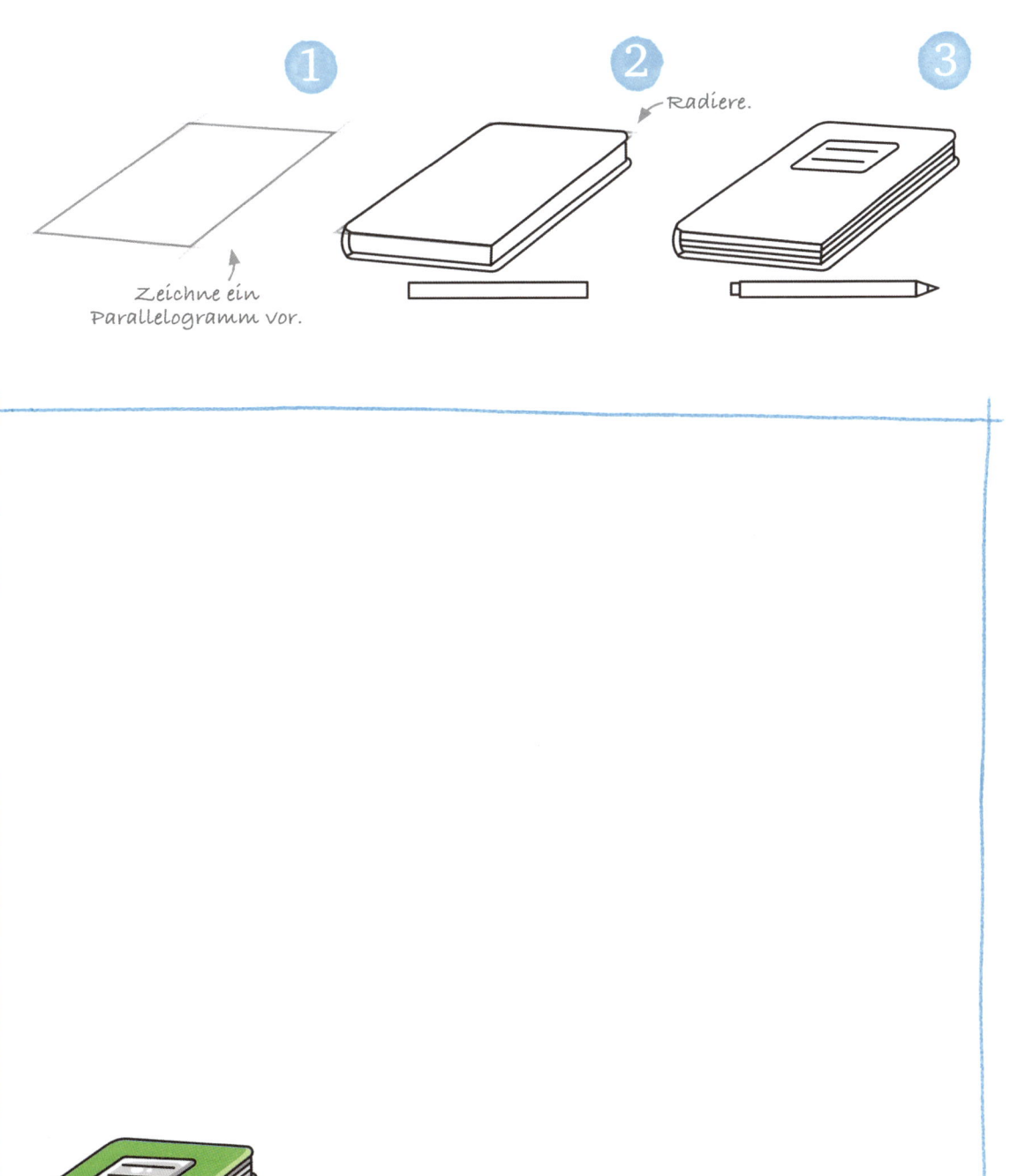

① Zeichne ein Parallelogramm vor.

② Radiere.

③

Essen und Trinken

Erdbeere, Kirsche, Birne, Banane, Tomate, Gurke, Mohrrübe, Brokkoli, Bonbon, Muffin, Donut, Eiscreme, Hamburger, Pommes frites, Spiegelei, Pizza, Croissant, Limonade, Pfirsich, Paprika, Steak, Grillhähnchen, Nudelsuppe, Käse

Essen und Trinken

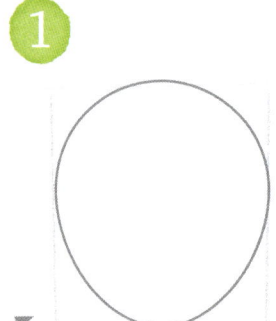

1

2

Radiere.

3

Das Rechteck hilft dir,
die Proportionen richtig
zu zeichnen.

Zeichne die groben
Grundformen vor.

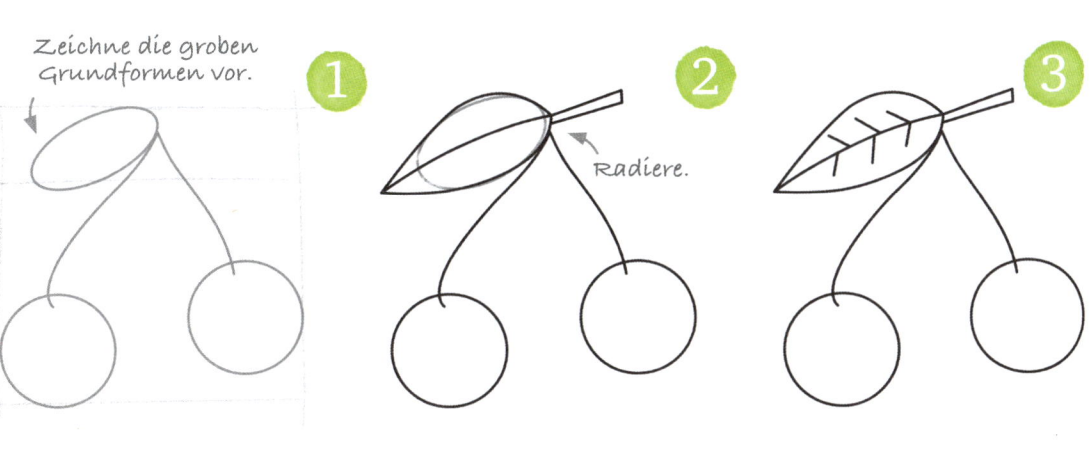

Radiere.

Essen und Trinken

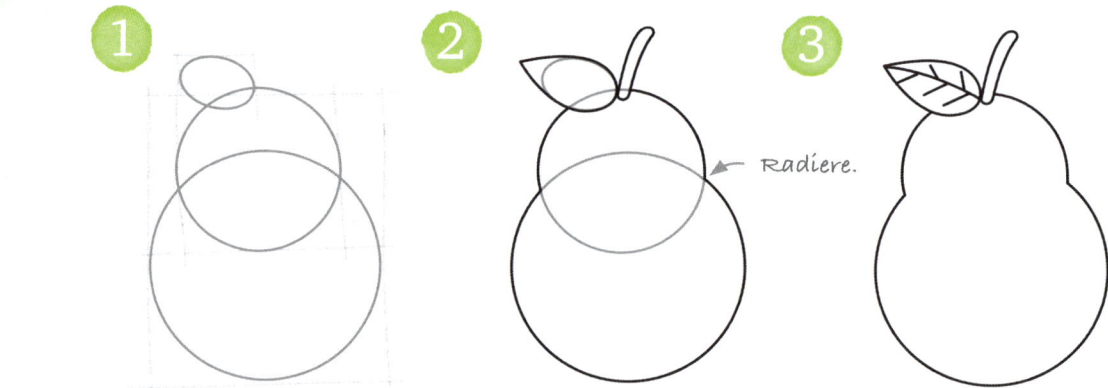

Radiere.

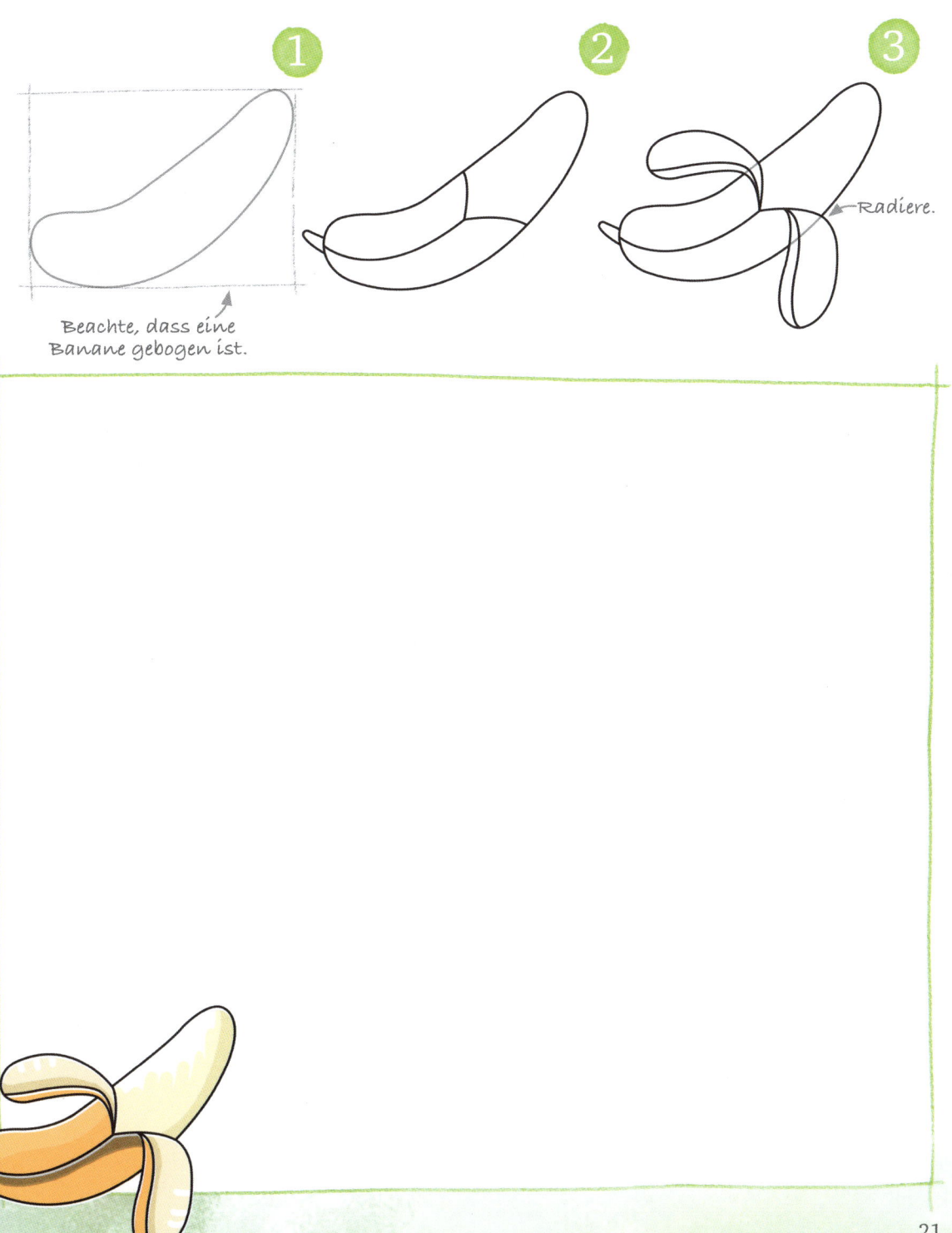

①

Beachte, dass eine Banane gebogen ist.

②

③

Radiere.

Essen und Trinken

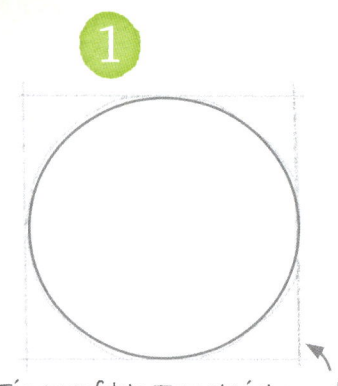

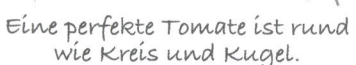

Radiere.

Eine perfekte Tomate ist rund
wie Kreis und Kugel.

1

Zeichne die
Grundformen vor.

2

Radiere.

3

Essen und Trinken

1

Lass die Möhre schön spitz zulaufen.

2

3

Zeichne
den Strunk
vor.

Essen und Trinken

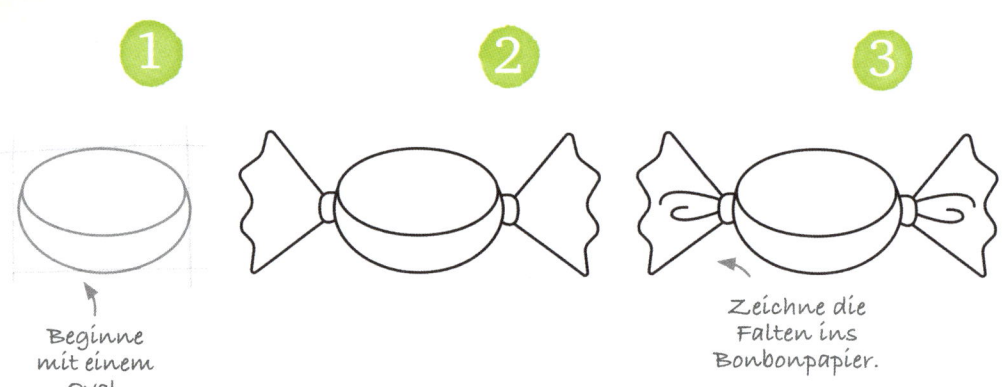

1

Beginne
mit einem
Oval.

2

3

Zeichne die
Falten ins
Bonbonpapier.

1 Zeichne zuerst das Backförmchen vor.

2

3 Ergänze die Streusel.

Essen und Trinken

1   2   3

Zeichne zwei Ovale ineinander.

Radiere.

1 Zeichne die spitze Eistüte vor.

2

3 Ergänze die letzten Details.

Essen und Trinken

1   **2**   **3**

Beginne mit einer
ovalen Scheibe Brot und
einem Blatt Salat.

① Zeichne den Pappbecher vor.

② Radiere.

③

Essen und Trinken

Die Form ist einfach,
denn jedes Spiegelei
zerläuft anders!

Radiere.

Würze dein Spiegelei mit
frischen Kräutern!

1

Zeichne ein Oval.

2

Radiere.

3

Ergänze den
Pizzabelag.

①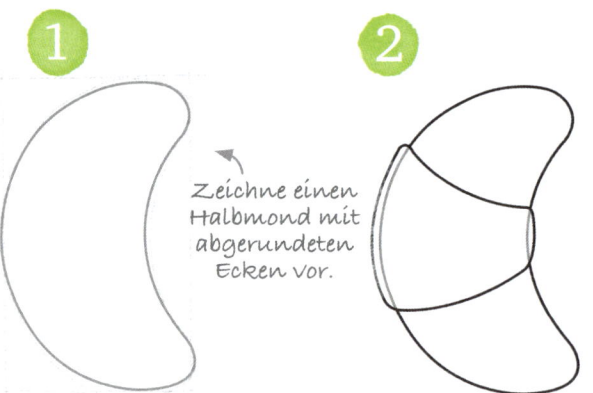

Zeichne einen
Halbmond mit
abgerundeten
Ecken vor.

②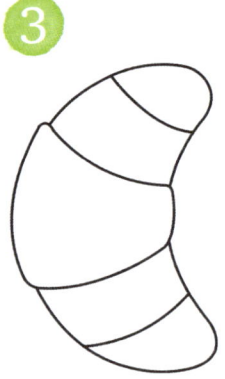

③

① Zwei Ovale, mit Linien verbunden, ergeben ein Glas.

② Radiere.

③ Natürlich darf Sprudel nicht fehlen!

Essen und Trinken

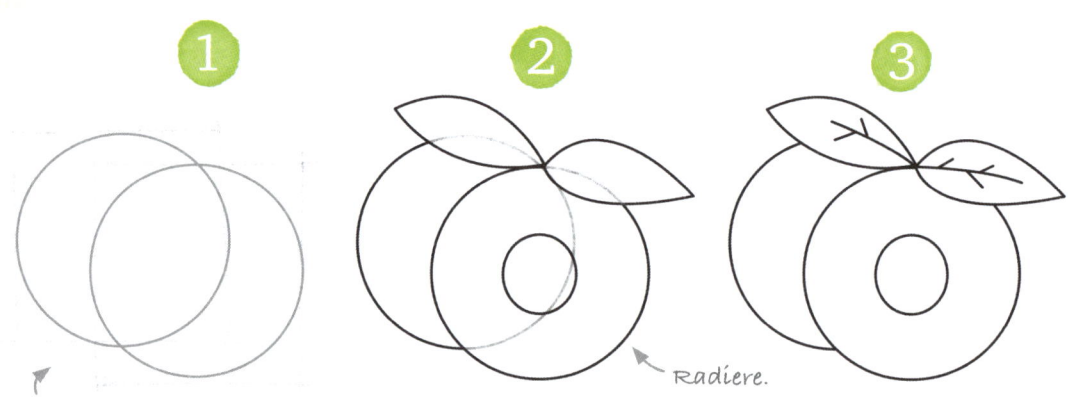

① ② ③

Beginne mit zwei Kreisen

Radiere.

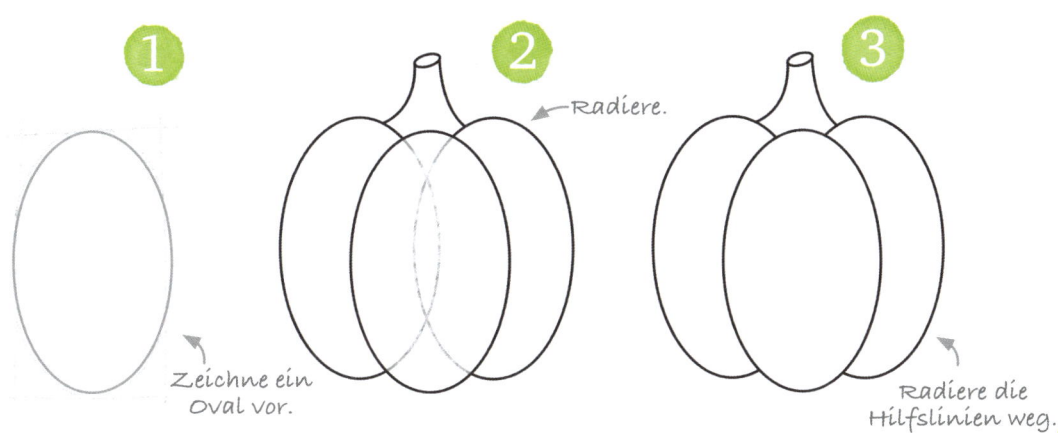

1 Zeichne ein Oval vor.

2 Radiere.

3 Radiere die Hilfslinien weg.

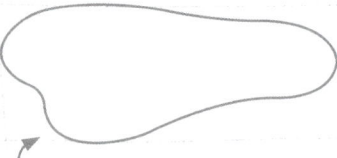

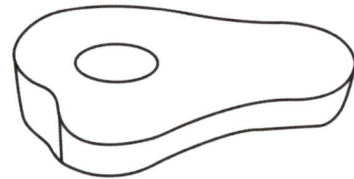

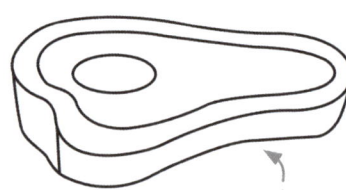

Zeichne den Umriss
eines Steaks vor.

Ergänze die
letzten Konturen.

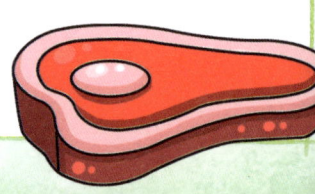

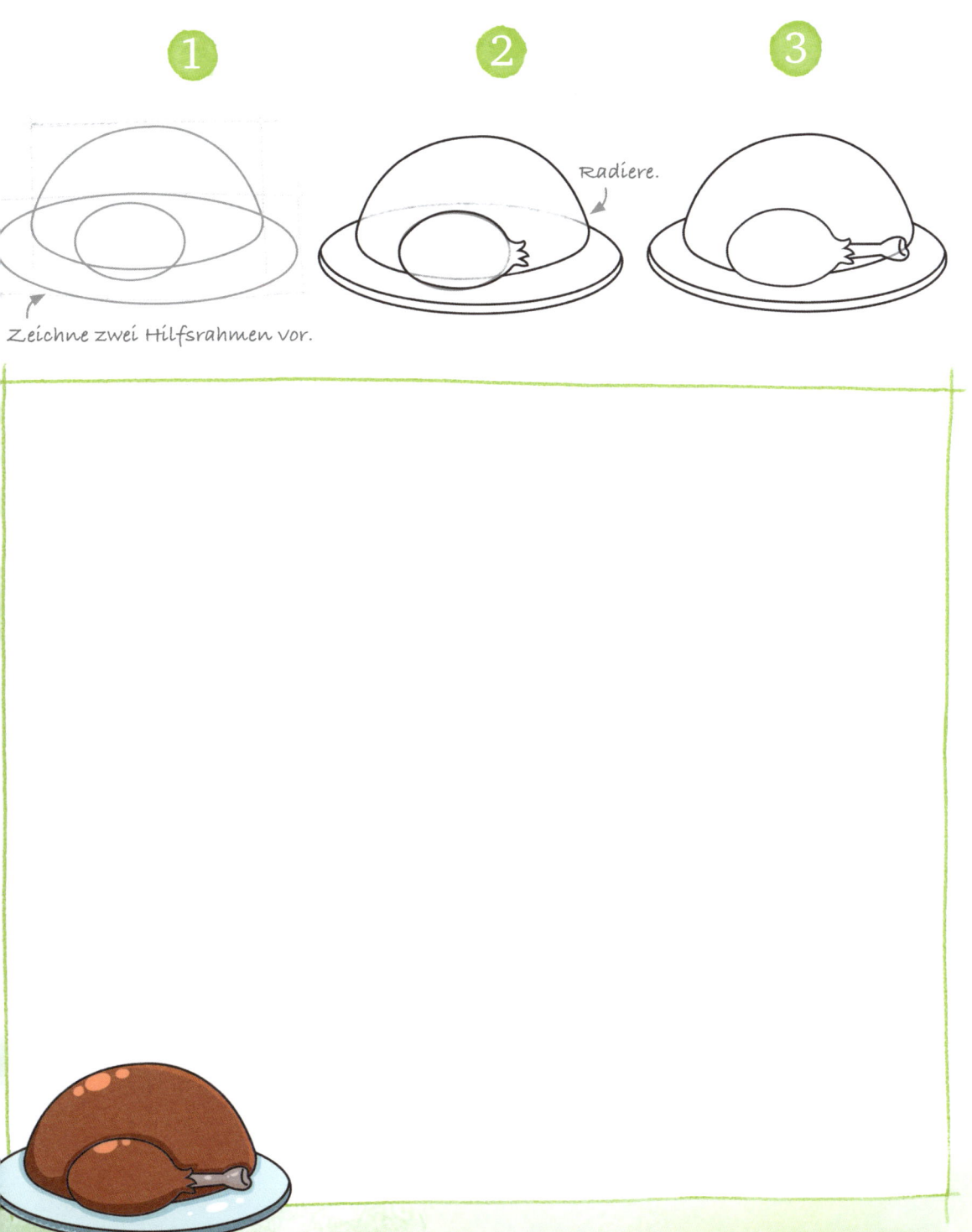

① Zeichne zwei Hilfsrahmen vor.

② Radiere.

③

Essen und Trinken

1

2

3

Zeichne die
Suppenschale vor.

Ergänze
die Nudeln.

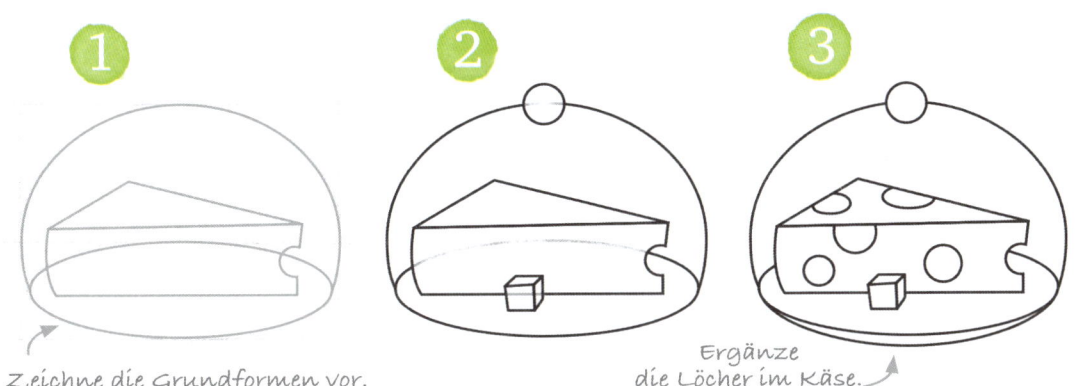

① Zeichne die Grundformen vor.

Ergänze
die Löcher im Käse.

Technik

Controller, Fotoapparat, Radio, Laptop,
Mikrofon, Kopfhörer, MP3-Player, Smartwatch

Technik

1

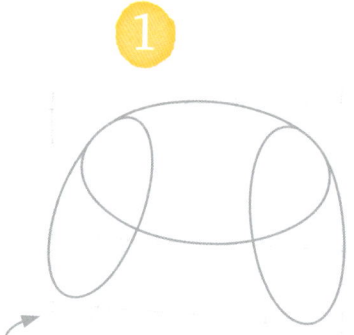

Konstruiere die Grundform
aus drei Ovalen.

2

Radiere.

3

Ergänze
die Joysticks.

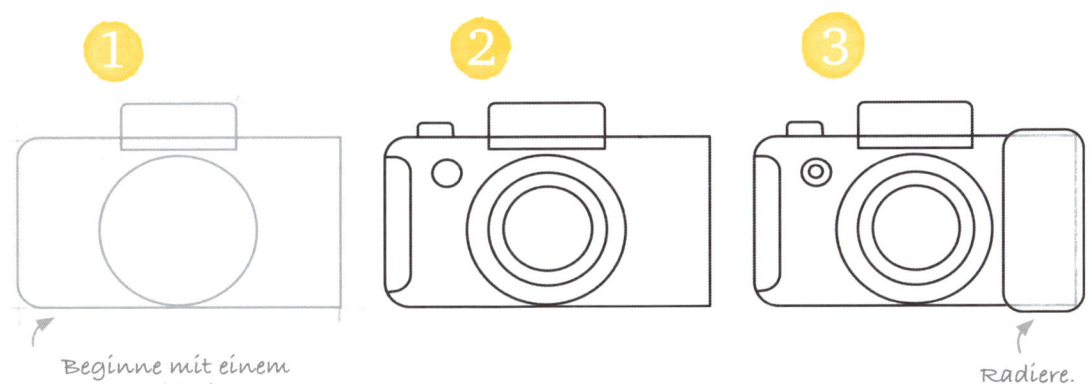

1 Beginne mit einem Rechteck.

2

3 Radiere.

Technik

①

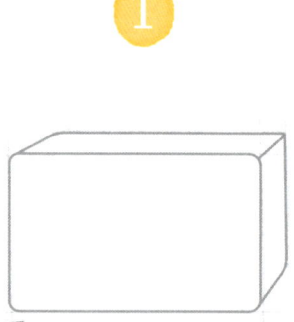

Zeichne die Umrisse vor.

②

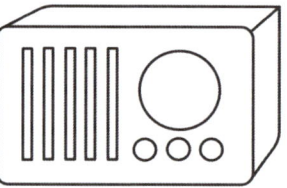

③

Die Antenne nic[ht]
vergessen!

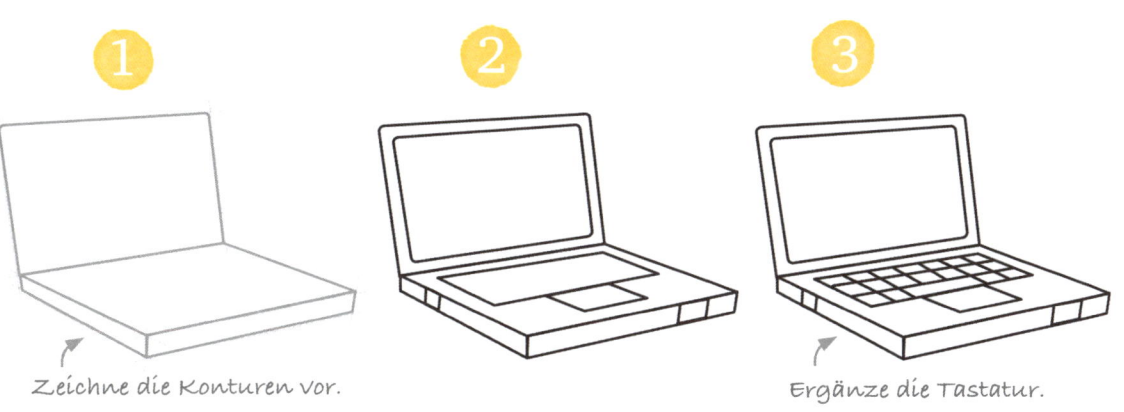

① Zeichne die Konturen vor.

③ Ergänze die Tastatur.

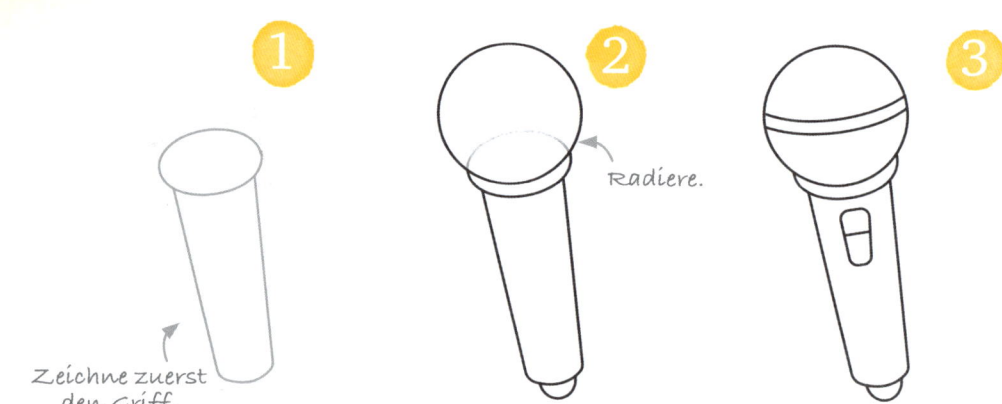

Zeichne zuerst
den Griff.

Radiere.

1 Beginne mit einem Bogen.

2

3

Technik

Zeichne die Grundform vor.

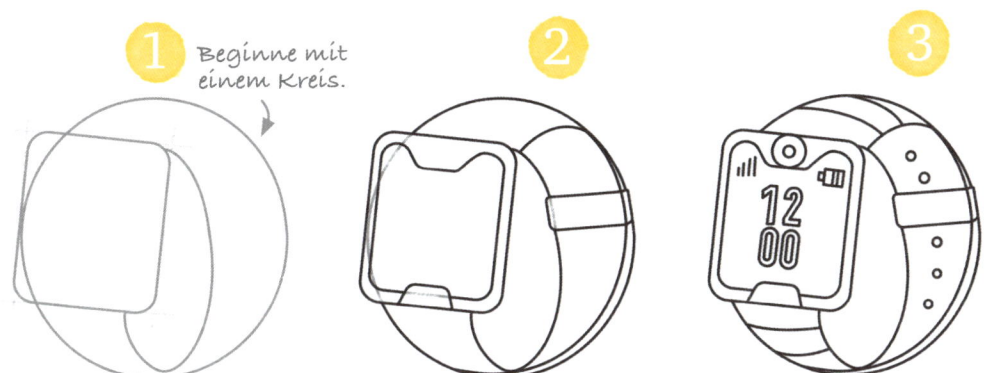

1 Beginne mit
einem Kreis.

2

3

Tiere

Pferd, Katze, Maus, Hase, Qualle, Panda, Wal, Frosch, Biene, Schnecke,
Libelle, Schmetterling, Reh, Eule, Huhn, Fuchs

Tiere

1

Kreise eignen sich super, um die Proportionen von Tieren richtig zu zeichnen.

2

Radiere.

3

Ergänze das rechte Auge.

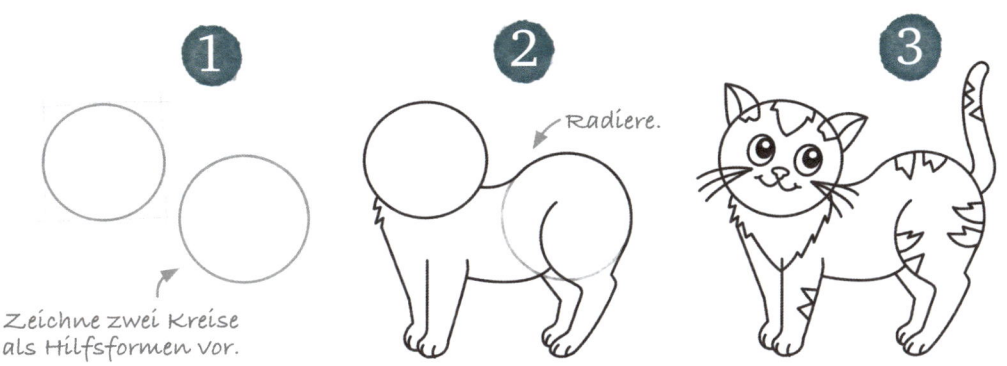

① Zeichne zwei Kreise als Hilfsformen vor.

② Radiere.

③

Tiere

1 Verbinde zwei Kreise mit Linien.

2 Radiere.

3

1 Zeichne zwei Quadrate mit Kreisen als Hilfsformen vor.

2 Radiere.

3 Nun kommt das Wichtigste: die langen Ohren!

Tiere

Ein Halbkreis bildet
den Quallenkörper.

1

2

Radiere.

3

Tiere

1 Zeichne die Grundformen vor.

2 Radiere.

3 Füge das rechte Auge hinzu.

①

Zeichne die
Hilfsformen vor.

②

③

Radiere.

Tiere

①

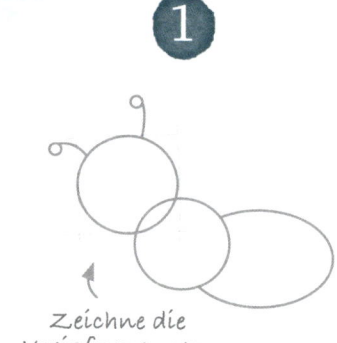

Zeichne die
Kreisformen vor.

②

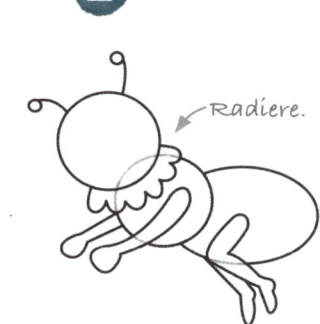

Radiere.

③

1

Zeichne die
Grundformen vor.

2

Radiere.

3

1 Zeichne die Hilfsformen vor.

2 Radiere.

3

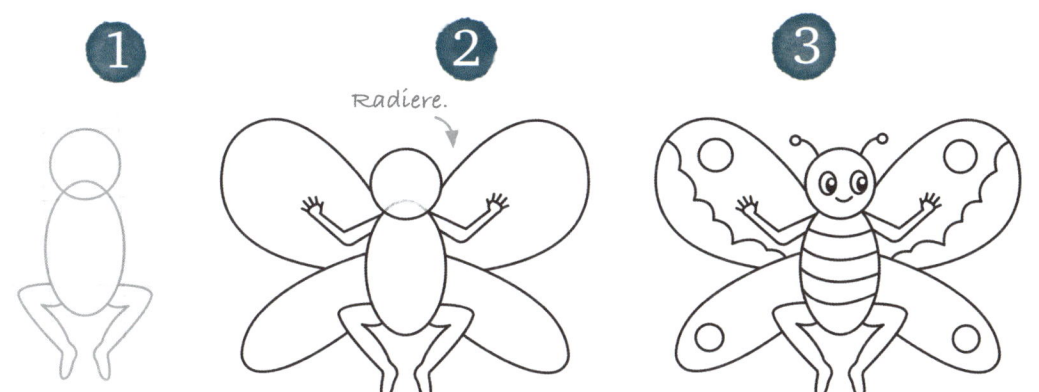

① ② **Radiere.** ③

1 Zeichne die Grundformen vor.

2 Radiere.

3 Ergänze das Geweih.

1

Zeichne zwei Quadrate als Hilfe.

2

Radiere.

3

Tiere

1 Zeichne ein Ei als Grundform vor.

2 Radiere.

3

① erbinde die Kreise.

② Radiere.

③ Zeichne das Gesicht ein.

Fantasie

Monster, Fee, Troll, Gespenst, Einhorn, Außerirdischer,
Meerjungfrau, Drache, Zwerg, Superheld, Flaschengeist, Hexe

Fantasie

Zeichne die Hilfslinien vor.

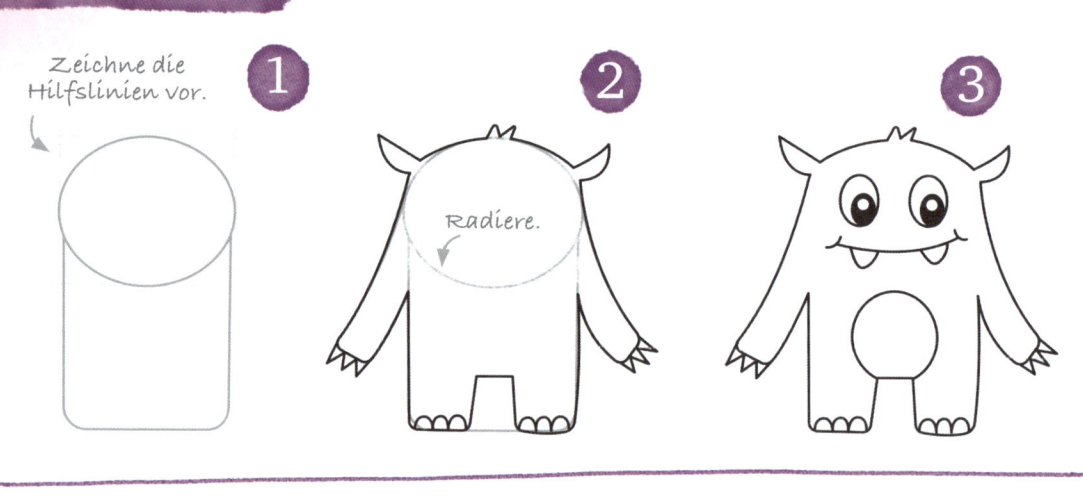

1

2

Radiere.

3

1

Zeichne die Grundform vor.

2

Radiere.

3

Ergänze das Gesicht.

Fantasie

Zeichne die Trollhaare wie eine lodernde Flamme.

Radiere.

Radiere.

1 Beginne mit zwei erlappenden Kreisen.

2 Radiere.

3 Ergänze noch das Gesicht.

1

2

Radiere.

3

Zeichne die
Körperform
vor.

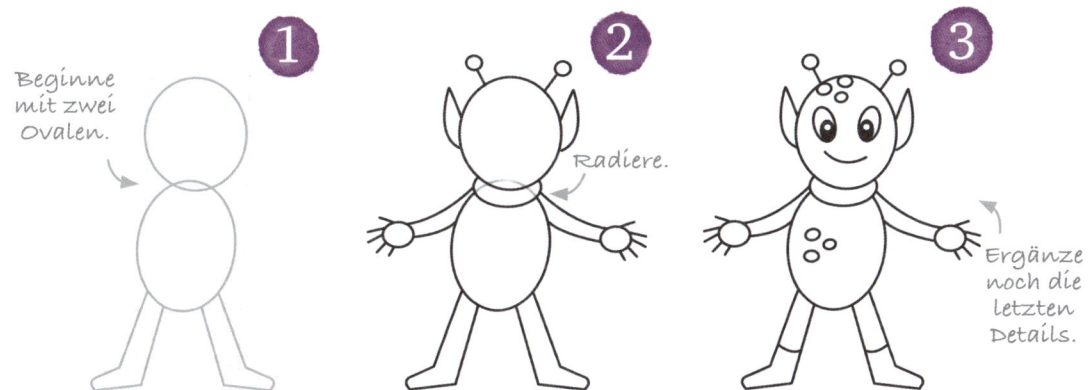

Beginne mit zwei Ovalen.

①

② Radiere.

③ Ergänze noch die letzten Details.

Fantasie

1

Zeichne die Hilfslinien vor.

2

3

Ergänze ein paar Luftbläschen.

Konstruiere
den Drachen
aus Kreisen.

1

2

Radiere.

3

Zeichne die
Zacken an
den Schwanz.

Fantasie

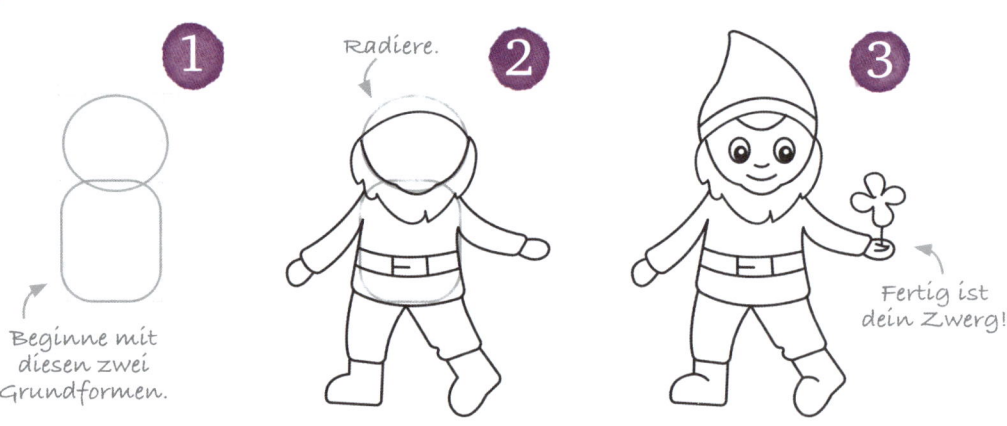

1 Beginne mit diesen zwei Grundformen.

2 Radiere.

3 Fertig ist dein Zwerg!

Jedes Oval
steht für ein
Körperteil.

Radiere.

81

Fantasie

1

Beginne mit dem Körper des Flaschengeistes.

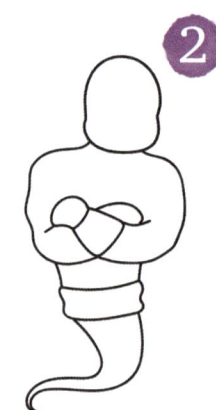

2

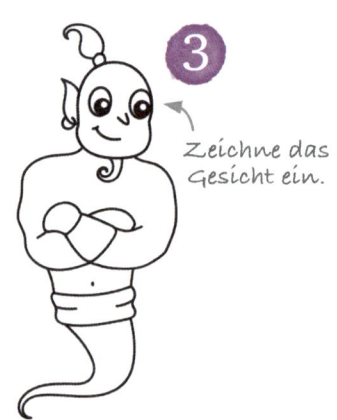

3

Zeichne das Gesicht ein.

1 Konstruiere deine Hexe Stück für Stück.

2 Radiere.

3 Mit einem Besen ist sie komplett.

Natur

Tannenbaum, Sonne, Blume, Kleeblatt,
Laubblätter, Baum, Pilze, Berge

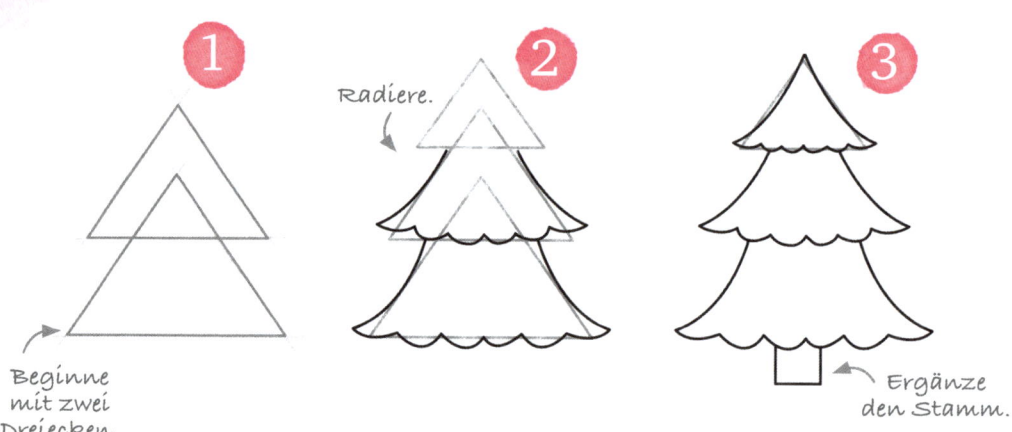

1

Beginne
mit zwei
Dreiecken.

2

Radiere.

3

Ergänze
den Stamm.

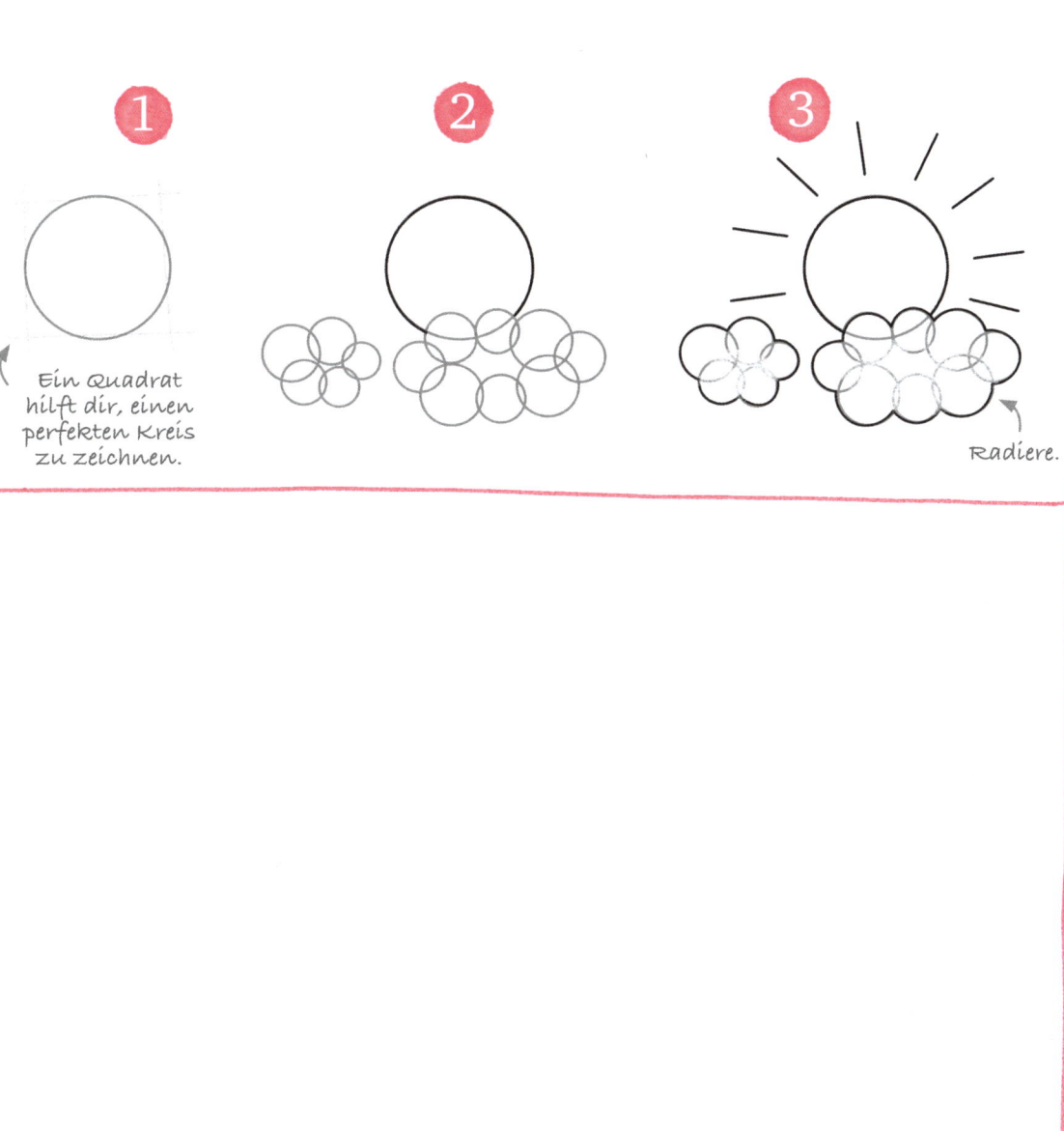

1

Ein Quadrat hilft dir, einen perfekten Kreis zu zeichnen.

2

3

Radiere.

Natur

1

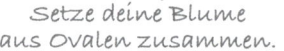

Setze deine Blume
aus Ovalen zusammen.

2

3

Radiere.

Zeichne die
Hilfsrahmen vor.

Radiere.

Ergänze
den Stängel.

Natur

1

Zeichne für jedes
Blatt ein Oval vor.

2

Radiere.

3

Ergänze die
Mittel- und Seitenrippen.

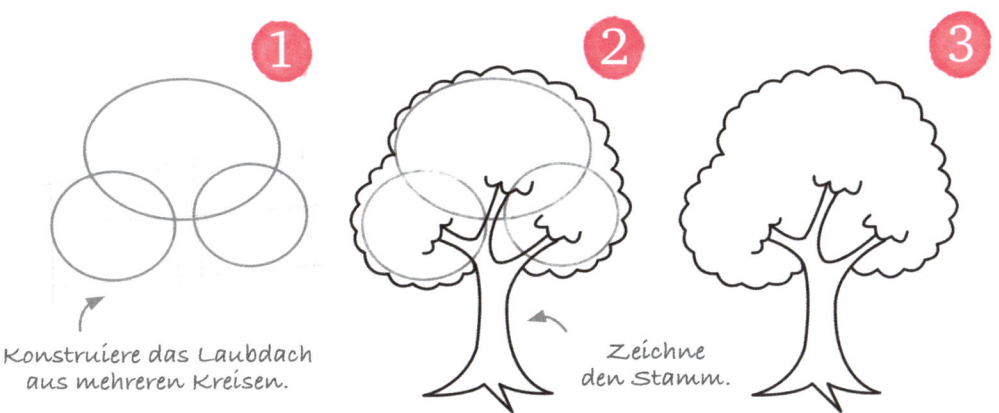

Konstruiere das Laubdach
aus mehreren Kreisen.

Zeichne
den Stamm.

1

Beginne mit
zwei Halbkreisen.

2

Radiere.

3

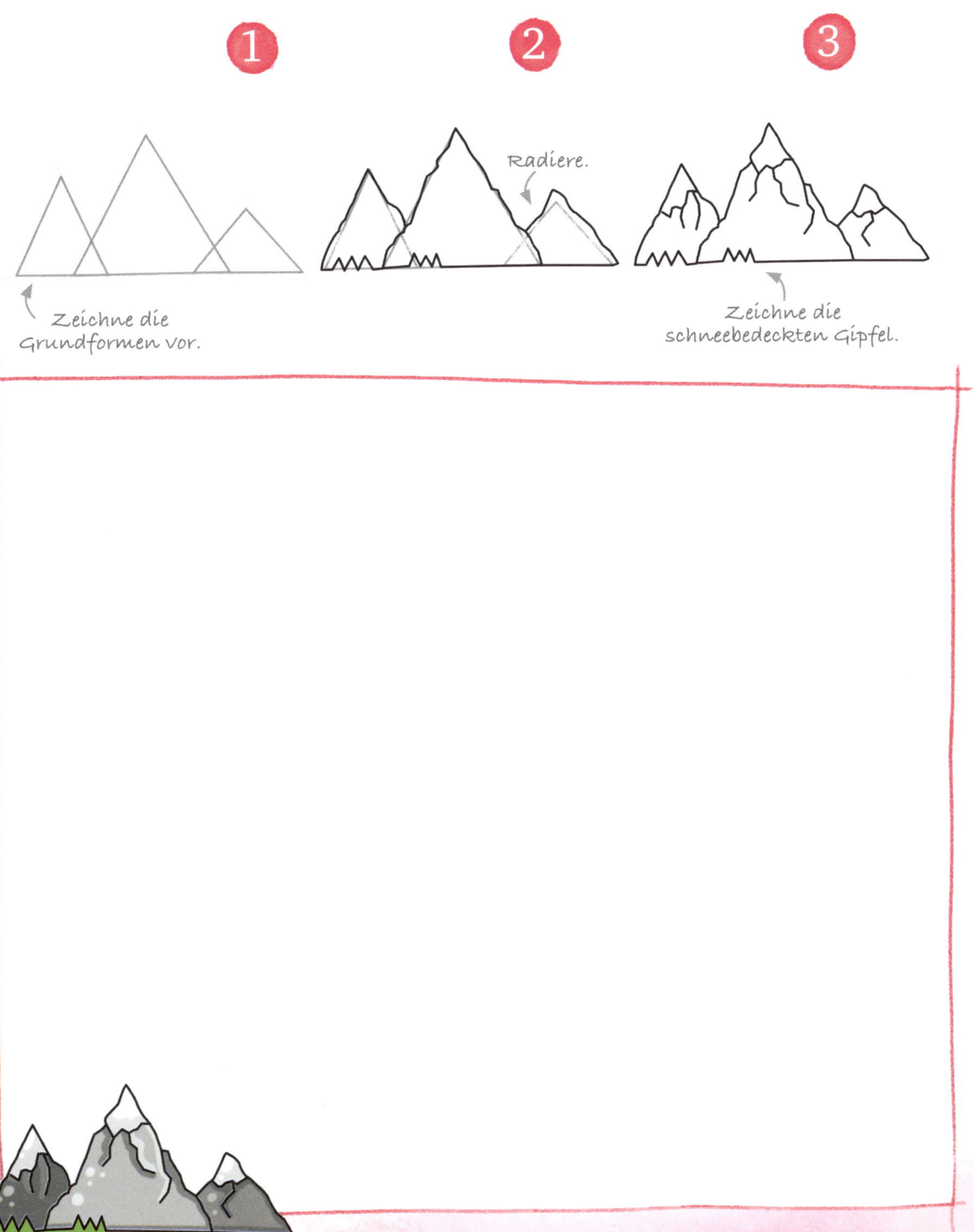

①

Zeichne die
Grundformen vor.

②

Radiere.

③

Zeichne die
schneebedeckten Gipfel.

Gebäude

Pagode, Einfamilienhaus, Windmühle, Burg,
Orientalischer Palast, Leuchtturm, Kirche, Baumhaus

Gebäude

1

2

3

Konstruiere deine
Pagode aus diesen
Formen.

Ergänze
die
Details.

Beachte die
räumliche Perspektive.

Gebäude

1

Beginne mit den Umrissen.

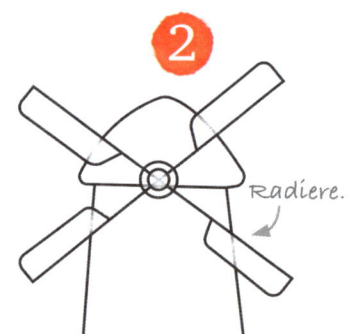

2

Radiere.

3

1 Zeichne die Grundformen vor.

2

3 Ergänze die Fenster.

Gebäude

1

2

3

Radiere.

1

Zeichne die
Grundform vor.

2

3

Ergänze die
Lichtstrahlen.

Gebäude

① Zeichne das Kirchenschiff vor.

②

③ Ergänze die Glocke.

①

Zeichne den Baumstamm vor.

②

③

Ergänze die Leiter.

Instrumente

Akkordeon, Trommel, Xylofon, Saxofon,
Gitarre, Rassel, Schellenring, Keyboard

Instrumente

① **②** **③**

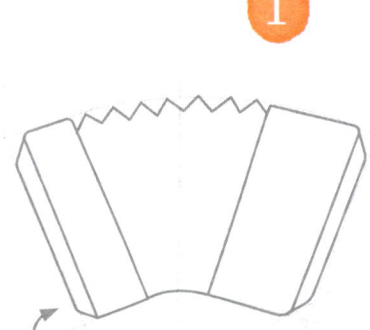

Zeichne die Grundform vor.

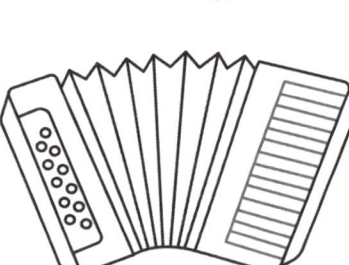

Ergänze die Tasten.

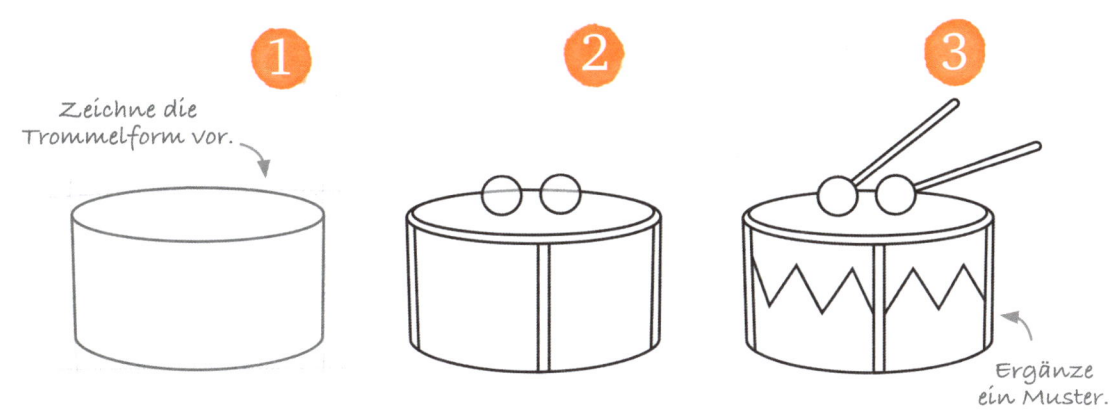

① Zeichne die Trommelform vor.

②

③ Ergänze ein Muster.

Instrumente

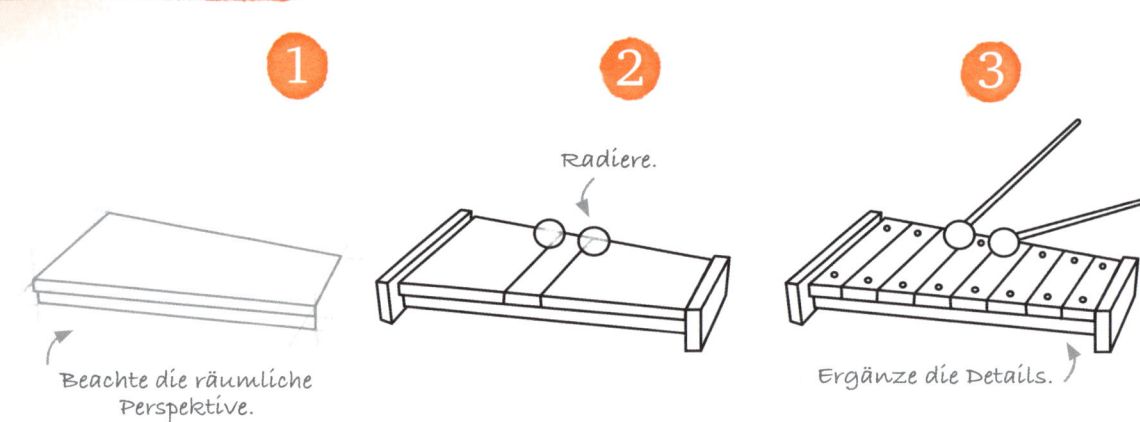

1

Beachte die räumliche Perspektive.

2

Radiere.

3

Ergänze die Details.

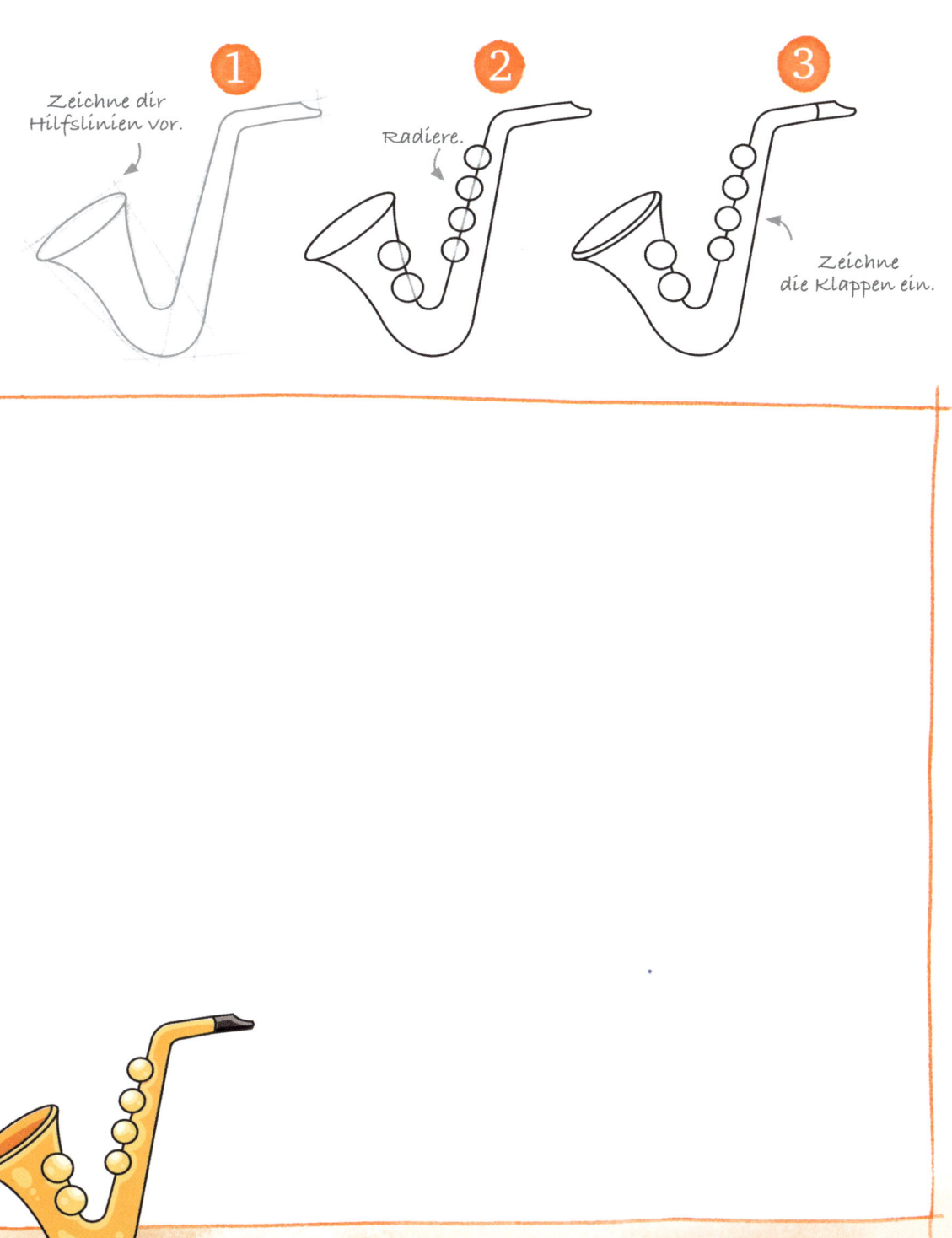

1 Zeichne dir Hilfslinien vor.

2 Radiere.

3 Zeichne die Klappen ein.

Instrumente

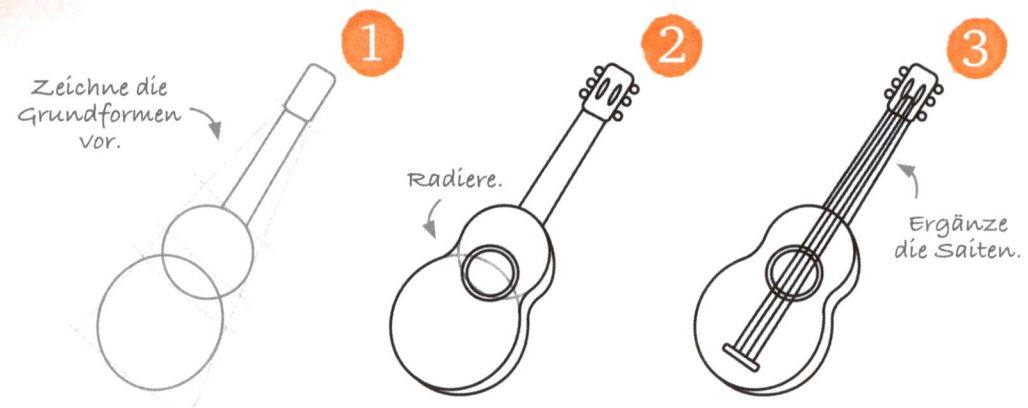

1 Zeichne die Grundformen vor.

2 Radiere.

3 Ergänze die Saiten.

1 Beginne mit zwei Ovalen.

2 Radiere.

3 Ergänze ein Muster.

Instrumente

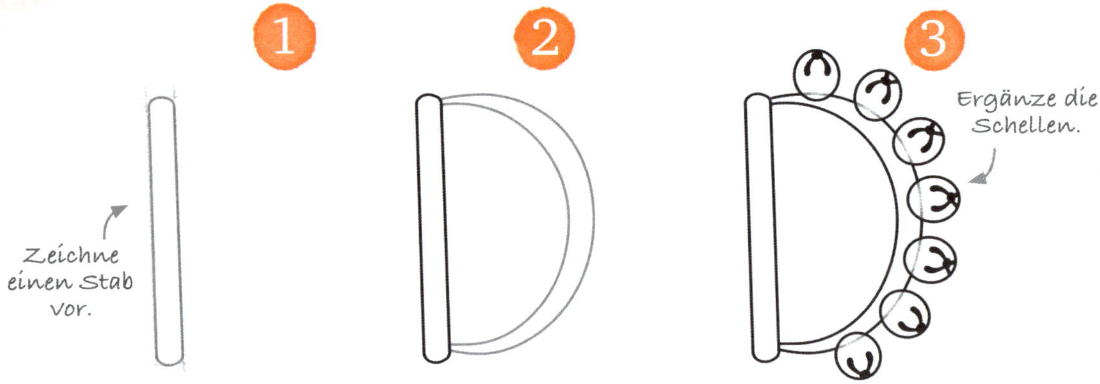

1

2

3

Ergänze die
Schellen.

Zeichne
einen Stab
vor.

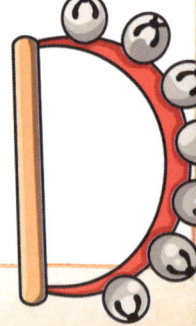

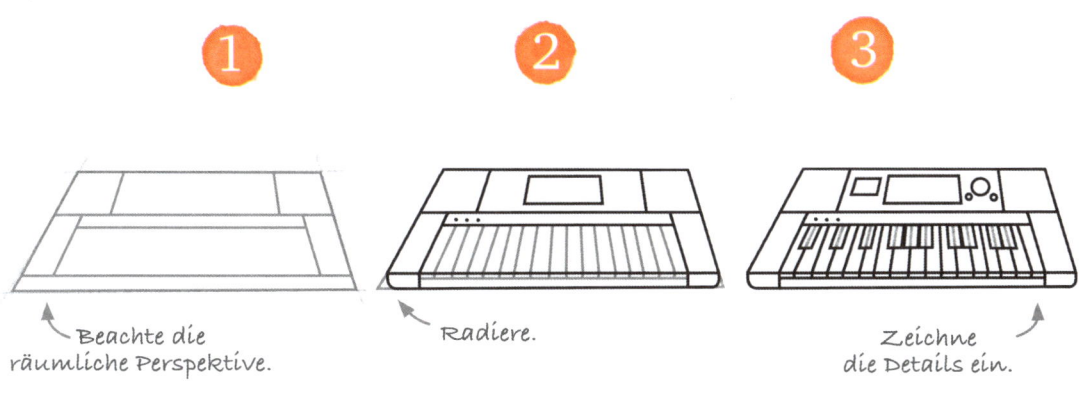

①

Beachte die
räumliche Perspektive.

②

Radiere.

③

Zeichne
die Details ein.

Fahrzeuge

Auto, Bus, Moped, Segelboot,
Dampflok, LKW, Feuerwehr, Flugzeug

Fahrzeuge

①

Zeichne die Hilfsformen vor.

②

Radiere.

③

Jetzt braucht das Auto
noch Fenster und Tür.

Zeichne
den Bus
dünn vor.

① ② ③

Radiere.

Ergänze die Details.

Fahrzeuge

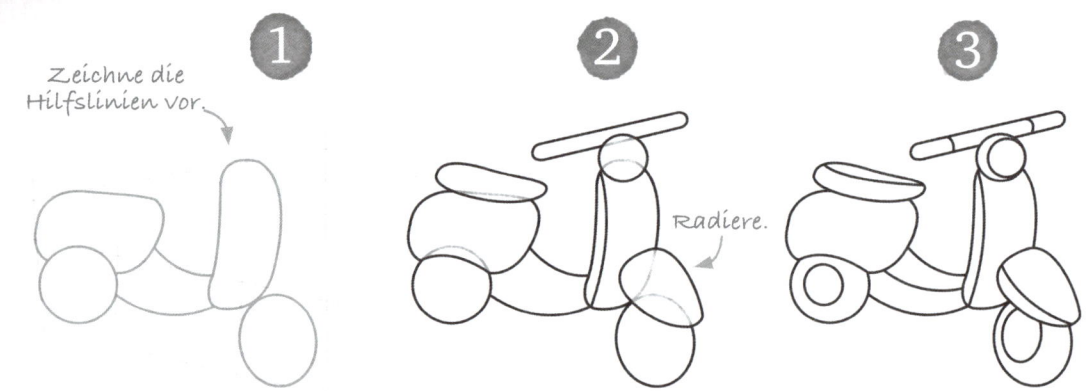

Zeichne die Hilfslinien vor.

① ② ③

Radiere.

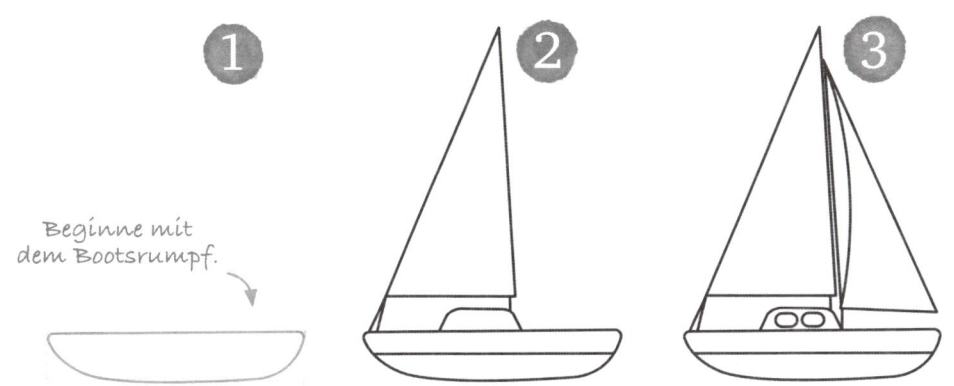

Beginne mit
dem Bootsrumpf.

Fahrzeuge

① Zeichne die Grundformen vor.

② Radiere.

③ Ergänze die Radspeichen.

① Beginne mit Rechtecken.

② Radiere.

③

Fahrzeuge

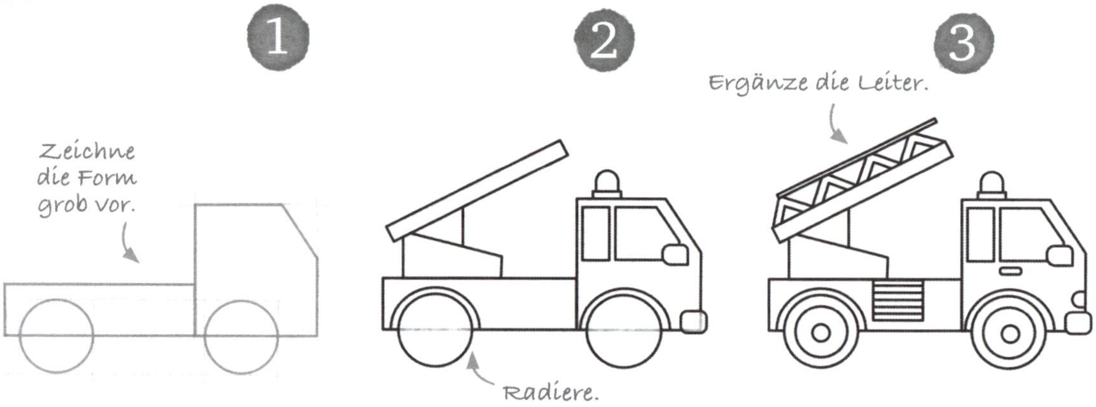

1

Zeichne
die Form
grob vor.

2

Radiere.

3

Ergänze die Leiter.

① ② ③

Beginne mit
einem langen Oval.

Radiere.

Freies Zeichnen

Jetzt bist du an der Reihe!
Lass deiner Kreativität freien Lauf und zeige, was du gelernt hast!

Freies Zeichnen